Robert de La Sizeranne

Ce qu'ils n'ont pu détruire

*Les Tapisseries sauvées de la cathédrale
de Reims au Petit-Palais*

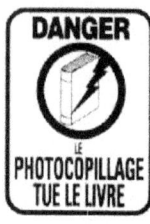 Le code de la propriété intellectuelle du 1er juillet 1992 interdit en effet expressément la photocopie à usage collectif sans autorisation des ayants droit. Or, cette pratique s'est généralisée dans les établissements d'enseignement supérieur, provoquant une baisse brutale des achats de livres et de revues, au point que la possibilité même pour les auteurs de créer des œuvres nouvelles et de les faire éditer correctement est aujourd'hui menacée. En application de la loi du 11 mars 1957, il est interdit de reproduire intégralement ou partiellement le présent ouvrage, sur quelque support que ce soit, sans autorisation de l'Éditeur ou du Centre Français d'Exploitation du Droit de Copie , 20, rue Grands Augustins, 75006 Paris.

ISBN : 978-1985707344

10 9 8 7 6 5 4 3 2 1

Robert de La Sizeranne

Ce qu'ils n'ont pu détruire

*Les Tapisseries sauvées de la cathédrale
de Reims au Petit-Palais*

Table de Matières

Introduction	6
Section I	7
Section II	16

Introduction

Au Moyen âge, lorsque la guerre obligeait un prince à quitter ses foyers pour entrer en campagne, il ne manquait pas d'emporter, avec lui, ses tapisseries. On les roulait, on les mettait sur le dos des mulets ou « sommiers, » et elles suivaient le camp, si elles ne le précédaient pas. A l'étape, on les déroulait, on les accrochait soigneusement aux murailles du château ou de l'hôtel de ville, là où devait s'arrêter le chef, parfois même autour de sa tente, en plein champ. Inutile de dire si les badauds et les enfants, habitants de ces pays perdus, s'attroupaient pour voir se déployer les éclatantes figures tissées dans la laine, l'or ou la soie : les rois, les prophètes ou les saints, avec leurs beaux phylactères déroulés de la bouche, les bêtes fantastiques affrontées avec leurs longues cornes au milieu du front, Dieu le Père en habits d'archevêque, les dames tout emperlées, les seigneurs coi Iles de leurs toques et de leurs bicoquets. Les pauvres gens se remplissaient l'imagination de ces images pour toute leur vie et, la guerre finie, le prince disparu, il leur en restait une vision du Paradis et de l'Art des hommes plus durable peut-être que les horreurs auxquelles ils avaient assisté.

Nous sommes, en ce moment, ces badauds. Les hasards de la guerre ont amené à Paris, où elles n'auraient jamais dû venir, les tapisseries tissées il y a quatre et cinq cents ans, pour embellir le chœur de la cathédrale de Reims. A l'approche des Barbares, il y a quelques mois, elles ont été enlevées et mises en lieu sûr. Le bombardement, qui a fait un petit tas de poussière de la *Reine de Saba*, de l'*Ange* compagnon du *saint Nicaise* et de tant d'autres figures du portail, ne les a pas touchées. Car c'est parfois ce qui est le plus fragile qui est le moins éphémère. Et les voici, maintenant, au *Petit-Palais*, dans la pleine lumière des Champs-Elysées, entourées des feuilles vivantes des marronniers, visibles à travers les hautes baies de cristal, au milieu de toutes les activités d'un peuple moderne. On ne les avait jamais si bien vues. Beaucoup de leurs figures, soupçonnées plutôt qu'aperçues, ne livraient leurs secrets qu'à de patients archéologues. C'étaient des fantômes de chefs-d'œuvre. Et, en plusieurs endroits, leurs couleurs éteintes, leurs lignes tremblantes, leurs laborieux et malchanceux rapiéçages en font encore des énigmes. Mais leur charme voilé s'accorde admirablement à nos sentiments et à nos méditations présentes. Leurs couleurs ne crient pas : elles psalmodient à peine. Ce qu'elles murmurent, ce sont de bien vieilles histoires qui enchantèrent l'humanité autrefois et qui, aujourd'hui peut-être encore, peuvent distraire l'âme française de ses douleurs, sans cependant troubler son recueillement. Profitons donc de leur présence, pour les interroger, et, s'il nous est possible, pour les comprendre. Jusqu'au jour où, revenues à leur berceau et à leur destination première, elles se tendront pour un défilé triomphal, comme les défilés pour quoi elles furent faites, il y a cinq cents ans.

Section I

Il y a, au Petit-Palais, trois suites, ou fragments de suites, de tapisseries très diverses : l'une du XVe siècle, l'autre du XVIe, la troisième du XVIIe, et destinées, semble-t-il, au même rôle décoratif. La première, qui ne comprend que deux pièces sur six, énormes à la vérité, est l'histoire du « fort roy Clovis, » tissée vers 1435 ; la seconde, qui comprend quatorze pièces sur dix-sept, est l'histoire de la vie et de la mort de la Vierge, imaginée par un certain Lemaire, commencée en 1509, terminée en 1530 et offerte par l'archevêque de Reims, Robert de Lenoncourt, à la cathédrale, pour tapisser l'intérieur de l'ancien chœur. Cette suite comprenait primitivement dix-sept pièces : l'une d'elles, destinée à servir de tenture à la porte du chœur, a toujours été beaucoup plus petite que ses voisines ; deux autres pièces, plus petites aussi, ont encore été rognées, on ne sait quand ni pourquoi : elles existent encore, mais elles ne figurent pas ici. Enfin, la troisième suite comprend deux des scènes de l'Evangile, tissées par Pepersack, à Reims, vers 1633. Les autres, étant demeurées à l'ancien archevêché de Reims, viennent d'être brûlées par les Barbares. Il se trouve heureusement que la suite qui a été détruite était la moins précieuse, mais on ne saurait faire un mérite aux canonniers allemands de n'avoir point détruit les autres : si doctes qu'on puisse les supposer, il est peu probable que leurs obus aient distingué entre les fils tissés au XVe et au XVIIe siècle.

Les exemples, ainsi réunis au Petit-Palais, représentent

admirablement les trois principaux âges de la tapisserie, comme pour une leçon. Le passant le plus distrait et le moins versé dans cette étude y lit, comme à livre ouvert, ce qui caractérise chacun d'eux. Et, par « âges, » j'entends surtout trois règnes ou trois conceptions différentes de la tenture décorative, car elles ne se sont pas succédé toujours dans un rigoureux ordre chronologique. Ce sont, là, trois esthétiques très différentes et qui, dans l'ensemble de cet art, marquent bien les trois étapes par où il a passé. La première, représentée par l'*Histoire du roi Clovis*, est l'âge de la confusion ; la seconde, représentée par *la Vie et Mort de la Vierge*, est l'âge de l'harmonie ; la troisième, représentée par les deux tapisseries de Pepersack, est l'âge de l'ordre, mais, hélas ! de l'ordre dans le vide et la solitude. La première est la pléthore décorative, la seconde est la richesse décorative, et la troisième est le dénuement.

Considérons donc les compositions de *la Vie et Mort de la Vierge*, une à une, comme un des plus beaux ensembles d'images faites pour animer les murailles dans un sanctuaire. Justement, on les a disposées, ici, dans l'ordre où elles étaient autrefois, à la cathédrale de Reims, quand elles tapissaient l'ancien chœur, c'est-à-dire à droite, en entrant, l'*Arbre de Jessé*, qui est le premier tableau de la série, et à gauche, la *Mort de la Vierge*, qui en est le dernier, les douze autres pièces faisant le tour du chœur, interrompues seulement, derrière le maître-autel, par les six pièces de l'*Histoire de Clovis*. Des trois autres pièces plus petites de *la Vie et Mort de la Vierge* qui manquent ici, l'une, l'*Assomption*, tapissait la porte du jubé : les deux autres, les *Prétendans à la main de Marie* et la *Visitation*, tapissaient vraisemblablement les deux entrées latérales du chœur. Leur absence ne nous prive de rien d'essentiel. Nous sommes donc placés matériellement, pour en jouir, à peu près comme les fidèles l'étaient dans le meilleur temps.

Dès le premier pas, à droite et a gauche, des inscriptions, tissées dans la trame même des images, nous renseignent sur leur origine. Dans la partie droite de la *Mort de Marie*, nous lisons ces mots :

Honorant Dieu et sa mère Marie
L'an rail cinq cents assemblez avecq trente,
Céans donna cette tapisserie
Le prélat qui à genouilz se présente.
Fiiez Jhesus et des cieulx la Régente

Que, après sa mort, entre les bénédictz
Son âme soit en clarté réfulgente
Digne d'avoir l'éternel paradis.

Vous pouvez, d'ailleurs, chercher longtemps le prélat à genoux : vous ne le trouverez pas céans. Il n'y est pas. Il est plus loin, dans la *Nativité de Notre-Seigneur*, tout contre la crèche, côte à côte avec l'âne, mais moins familier avec Jésus, les mains jointes, en chape richement brodée à ses armes et avec sa croix pastorale. C'est Robert de Lenoncourt, archevêque de Reims dès 1509, homme libéral et magnifique, surnommé le Père du Peuple, et dont « la charité, dit un biographe, ne demeura pas oisive dans son église. » Ce sont ses armoiries, croix dentelée de gueules, que nous voyons utilisées en motifs décoratifs, jusqu'à trois fois dans chaque tapisserie, écartelées avec celles de l'église de Reims, et surmontées de la croix pastorale. Maintenant, pourquoi est-il là, où rien ne le désigne et n'est-il pas dans la *Mort de Marie* où il est désigné ? Nul ne le peut dire. C'est une de ces inconséquences nombreuses chez nos pères, qui mettent en déroute la logique des archéologues. Supposez qu'un accident, survenu à cette tapisserie, ait arraché une de ces figures : d'après ce texte, on aurait fort bien soutenu et prouvé que la figure manquante était celle de Robert de Lenoncourt. Car un texte, qui n'est jamais qu'une œuvre humaine, c'est-à-dire soumise à toutes les erreurs ou les fantaisies de l'homme, jouit toujours d'un prestige extraordinaire auprès des archéologues, et malgré tant d'exemples propres à les éclairer, les savants, n'ayant point de fantaisie, ne permettent pas à l'artiste d'en avoir.

Au fait, quel est cet artiste ? Tournons-nous vers la tapisserie d'en face, l'*Arbre de Jessé* : nous allons peut-être le savoir. C'est une curieuse vision que cet arbre de Jessé : des docteurs graves, barbus, coiffés de bonnets surprenants, ont grimpé dans un arbre, où ils se tiennent comme ils peuvent, empêtrés qu'ils sont dans des robes somptueuses, assis à califourchon, agitant des bâtons comme pour gauler des fruits invisibles, et si l'œil descend jusqu'au pied de l'arbre pour voir où il prend racine, on s'aperçoit qu'il pèse, de tout son poids, sur la poitrine d'un vieillard endormi, à la barbe admirablement peignée, et semble ainsi le rêve d'un patriarche épris de postérité. C'est le triomphe de la passion nobiliaire. A l'époque où ce fut imaginé, il fallait, même à Dieu, une généalogie terrestre flatteuse, et tous ces rois de Juda, coiffés de la corne d'abondance de Dschem ou du chaperon de Charles VIII, décorés de chaînes d'or comme Ludovic le More, ou portant des crevés, à leurs manches, comme François Ier, quelques-uns cachant leur sceptre derrière leur dos ou le tenant renversé pour témoigner que leurs règnes ont eu des malheurs, les David, les Salomon, les Roboam, les Abias, ne sont, là, groupés, que pour faire honneur à la Vierge, « la Vierge royalle, » comme le dit l'inscription sous le patriarche endormi.

Or, si l'on regarde, avec attention, le plus désinvolte d'entre eux, Aza, qui discourt en maniant son sceptre comme une baguette d'escamoteur, on aperçoit sur le bas de sa robe, en bordure, sous des ramages d'un bleu pâle, ces lettres tissées en rose : LE MAIRE INA On admet, généralement, que cet A est une erreur de l'ouvrier tapissier, qui aurait dû mettre V, et il parait qu'on a pu lire, autrefois, quand la tapisserie était moins passée, les lettres I O H avant Lemaire, ce qui signifie *Johannès Lemaire invenit*, ou *inventor*. La conception de l'œuvre serait donc due à un certain Jehan Lemaire. Malheureusement, Jehan Lemaire, Flamand fort connu à cette époque, était un écrivain et un théologien, non un peintre. Il a peut-être donné le thème de ces tapisseries, mais non dessiné les cartons, auquel cas, d'ailleurs, il semble qu'on eût mis, après son nom, *fecit*.

Ce thème n'est pas, au premier abord, très clair. On a beaucoup dit, — c'est même devenu un lieu commun de l'histoire de l'art, — que la cathédrale était le « livre du peuple. » Il faut croire que celui-ci l'a bien mal lu, ou bien mal retenu son enseignement, car où sont les gens, je dis parmi les fidèles et les plus habitués à séjourner dans les églises, qui comprennent quoi que ce soit aux « histoires » dictées par Jehan Lemaire et tissées ici ?

Voici, dans la *Sainte Famille* ou les *Trois Maries*, qui fait suite à la *Mort de la Vierge*, un couple élégant et singulier : tout au haut et à gauche, il sort d'un château et se promène dans un parc, le cavalier relevant le bout de son manteau entre le pouce et l'index de la main gauche, avec préciosité, montre de la droite, à la dame qui joint les mains d'extase, les armoiries fleurdelisées qui écussonnent un arbre. Il discourt, penchant la tête vers elle et glissant l'œil vers les fleurs de lys : au loin un paysage bleu de faïence de Delft.

C'est Faust et Marguerite, pensez-vous ; — point, c'est Penter et Hismerie, *Santa Hismeria*, dit l'inscription, tante de la Sainte Vierge et grand'mère de saint Jean-Baptiste, et qui s'en vont, de ce pas, adorer la *Sainte Famille* !

Notre perspicacité, mise en déroute dès cette première rencontre, se raffermit mal à la seconde. Ici, se déroule la *Fuite en Egypte* et nous sommes, d'abord, tout heureux de nous y retrouver, en reconnaissant la Vierge sur son âne, précédée par saint Joseph et cantonnée par quatre anges à pied, en dalmatique, tandis que cinq autres ouvrent la marche. Même l'épisode qui se passe derrière ne nous trouble pas : cet enfant mort, à terre, et cette mère qui se tord les mains, désolée, et cette autre qui défend son bébé contre les instances polies d'un chevalier chargé de l'égorger, c'est le massacre des Innocents. Mais, derrière tout cela, se passe une série d'actions incompréhensibles. Des statues d'or, juchées sur des colonnes, croulent en morceaux, comme atteintes par un bombardement invisible ; un personnage considérable en robe, somptueuse est descendu avec précaution d'une fenêtre, comme sur une sellette, par les mains d'une belle dame ; des gens armés envahissent un palais, et un jeune pèlerin se met à genoux devant un vieillard, tandis qu'un élégant damoiseau s'amuse à tirer de l'arc dans un bois. En mettant en commun leurs souvenirs, les dévots du Moyen âge parviennent encore à s'expliquer l'écroulement des statues. C'est une des plus jolies légendes des Apocryphes : elle veut que, lors de la Fuite en Egypte, lorsque l'Enfant-Dieu passa devant les idoles, celles-ci se brisèrent en morceaux. *Commovebuntur simulacra Egipti, — Isaie, 19*, dit la prophétie inscrite au-dessus, et maintenant que nous connaissons mieux les colosses ensablés dans le désert, leur émiettement, sous l'imperceptible souffle du nouveau-né divin, est un symbole peut-être plus frappant encore qu'au Moyen âge. Mais les autres sujets demeurent obscurs, et quand on nous a dit que l'un est le départ de Jacob, menacé par Esaü, tandis que celui-ci est à la chasse, et que l'autre est la fuite inglorieuse de David, descendu avec l'aide de sa femme Michol, par la fenêtre, tandis que les gens de Saül envahissent sa maison, nous ne sommes guère plus avancés, car nous n'apercevons pas du tout ce que font, là, tous ces intrus.

Notre désarroi est à son comble, lorsque, nous tournant de l'autre côté, vers la *Naissance de la Vierge*, nous apercevons un seigneur en robe de chambre damassée, les épaules couvertes d'un collet d'hermine, serrant de près un ange qui a l'air de le repousser et, de l'autre côté, ce même ange volant au-dessus de ce même seigneur, avec le même collet, monté sur un âne. L'ange fait tournoyer au-dessus de sa tête une épée, cependant que d'autres anges perchent sur le toit de la Vierge, en agitant des encensoirs et que le chat de la maison, troublé de tout ce tintamarre, se coule dehors sans bruit. Il faut encore qu'on nous explique ceci : ces deux scènes ne sont pas jouées, du tout, par les mêmes personnages. A gauche, c'est Jacob qui lutte avec l'ange et lui dit : « Je ne te lâcherai pas que tu ne m'aies béni ! » A droite, c'est Balaam, le sorcier, sur son ânesse, en route pour aller jeter des sorts à l'armée d'Israël et l'ange qui l'empêche d'avancer. Enfin, si nous poursuivons jusqu'au *Mariage de la Vierge*, nous demeurons quinauds en voyant qu'un démon y figure, qu'il piétine six jouvenceaux et est en train d'en malmener un septième : y a-t-il un visiteur sur dix, y en a-t-il un sur cent, qui s'avise de ceci : ce sont les sept premiers maris de Sara, que le diable emporte, afin qu'elle puisse convoler, enfin, avec celui que le Ciel lui destine et qui est Tobie ? Il faut qu'il y ait, dans tout ceci, une intention que nous ne soupçonnons pas. Il y en a une, en effet, et quand on la sait, on tient la clef de tous ces mystères. Pour cela, il faut se rappeler que tout le Moyen âge a été dominé par l'idée de se rattacher au passé. Ce qui avait le plus de chances de durer, pour lui, c'est ce qui avait toujours été ; ce qui était le plus vrai, c'est ce qu'on avait toujours cru. De là, au point de vue religieux, une conséquence notable et qui le sépare fort de nous. Si rien ne nous préoccupe moins, aujourd'hui, que de rattacher le Nouveau Testament à l'Ancien, rien ne préoccupait plus les théologiens du Moyen âge. Que les actes de la vie de Jésus et de la Vierge aient été annoncés par les prophètes et « préfigurés » dans les temps bibliques par des gens à nez crochu et à barbe en pointe, c'est ce dont nul de nous ne s'inquiète. Mais cela inquiétait fort les docteurs à bonnet carré qui discutaient dans les Sorbonnes. Ils attachaient alors aux causes et aux origines du Christianisme tout l'intérêt que nous attachons, nous autres, à ses effets. Lors donc qu'ils commandaient une image de la vie du Christ ou de la Vierge a un artiste, ils lui enjoignaient de montrer, à côté de la scène de l'Évangile, celles de la Bible qui avaient pu y ressembler, vaguement, la faire pressentir, ou, comme on dit, la « préfigurer. » La reine de Saba venant adorer Salomon préfigure les rois Mages aux pieds de l'Enfant Jésus ; le Buisson ardent qui brûle sans se consumer et la toison de Gédéon qui reçoit la rosée sans être mouillée ou qui est couverte de rosée quand l'aire ne l'est point, préfigurent la virginité merveilleuse de Marie. Ce n'est pas pour nous très évident, mais ce l'était pour eux et il suffit. De plus, il fallait faire, auprès de l'événement, le portrait des prophètes qui l'avaient annoncé.

Tout cela plaisait-il beaucoup a l'artiste ? L'histoire ne le dit pas : nous remarquons seulement que, chaque fois qu'il est libre, il se déleste de toute cette érudition apologétique et réduit son œuvre au motif purement humain et pittoresque. Mais, ici, visiblement, il n'était pas libre. Ce Jehan Lemaire, *inventor*, n'avait pas « inventé » en vain. Il fallait suivre sa dictée, laquelle n'était pas, elle-même, toujours très originale, car pour huit des scènes de *la Vie et. Mort de la Vierge*, il parait bien qu'il n'a fait que suivre les prescriptions de deux manuels d'iconographie chrétienne, illustrés, gravés sur bois, très connus au XVe siècle : la *Bible des pauvres* et le *Spéculum humanae salvationis*,. C'est M. Emile Mâle qui l'a découvert, il y a, déjà, longtemps, et parfaitement établi dans son ouvrage sur *l'Art religieux au XIIIe siècle*.

Or, ces guide-ânes sont très impératifs. Ils ne laissent à l'artiste, au point de vue du sujet proprement dit et de sa disposition générale, que fort peu de liberté. On y voit, par exemple, que lorsqu'on représente l'*Annonciation*, il convient de figurer, à gauche, Eve tentée par le serpent et, à droite, Gédéon recevant la toison des mains de l'ange, plus deux prophètes : David et Isaïe. Quand on figure le *Mariage de la Vierge*, il ne faut pas oublier les sept premiers maris de Sara enlevés par le diable et ses noces avec Tobie, ni, non plus, le mariage de Rebecca avec Isaac. Une *Nativité* doit être flanquée d'un Moïse cornu, se déchaussant devant le Buisson ardent et d'un grand prêtre, Aaron, en extase devant le vieux bâton qui fleurit. Une *Présentation de la Vierge au Temple* ne doit pas contenir seulement la petite fille montant, toute seule, à l'âge de trois ans, les quinze marches extérieures, qui répondent aux quinze psaumes graduels, et conduisant à l'autel des holocaustes et le grand prêtre qui l'accueille ; il faut encore que cette scène, déjà peu compréhensible pour nous, soit préfigurée par deux autres qui ne le sont pas du tout : une belle dame, en grande toilette de brocart et d'hermine, discourt au bas d'un perron avec un grand prêtre et semble l'inviter à descendre : — et c'est la *Fille de Jephté* et des pêcheurs tirent leurs filets dans un bassin, sous les murs d'un palais Renaissance : — et c'est la pêche de la Table d'or qu'on va porter dans le Temple du soleil…

N'éprouvons pas une confusion trop grande, si nous ne l'avons pas compris, tout d'abord. Le savant archiviste de Reims, auquel on doit le meilleur ouvrage d'ensemble qui ait été fait sur ces tapisseries, M. Loriquet, avait passé sa vie à le regarder sans le comprendre. C'est, peut-être, qu'il n'avait pas lu le *Speculum humanae salvationis*. Les ouailles de Robert de Lenoncourt l'avaient-elles toutes lu et comprenaient-elles toutes ces énigmes ? Je n'en suis pas sûr. Que l'enseignement par l'Art fût l'intention des patrons de l'Eglise, des chanoines qui commandaient la décoration, et des donateurs, M. Mâle l'a magistralement démontré et je le crois sans peine. Mais que le peuple ait jamais compris ce qu'on lui disait et qu'il l'ait retenu, c'est autre chose. Pour le prouver, on fait avancer, en bon ordre, quelques vers de Villon, toujours les mêmes, et l'on veut qu'ils contiennent la profession de foi des humbles durant cinq siècles. Mais ces vers ne prouvent qu'une chose, c'est que la mère de Villon, bien qu'illettrée, « povrette » et « ancienne, » savait distinguer l'*Enfer* du *Paradis*, — ce que l'on sait encore fort bien aujourd'hui. Ils ne prouvent pas qu'elle aurait lu, ici, couramment, l'histoire des sept maris de Sara, de la toison de Gédéon, ou la pêche de la plaque d'or à offrir au Temple du soleil.

Peut-être, aurait-elle compris mieux que nous l'ânesse de Balaam, à cause de la Fête de l'Ane, ou quelque autre drame biblique, parce que les acteurs des *Mystères* les jouaient sur les tréteaux. Mais cela prouverait alors en faveur du théâtre et non de la cathédrale, comme moyen d'instruction pour les illettrés. Si l'image avait été réellement le livre de ceux qui ne savaient pas lire, elle n'aurait pas contenu, en français et en latin, plus d'écriture qu'elle n'en a jamais contenu depuis. Si elle avait été comprise par la foule, nombre de légendes pieuses ne seraient pas sorties d'une fausse interprétation et d'un quiproquo des sujets figurés. Enfin, puisque la foule des fidèles n'a pas cessé d'aller à l'église, ni l'église de contenir ces sujets, les fidèles les connaîtraient aujourd'hui comme autrefois. Il faut en rabattre. En réalité, il n'y a jamais eu d'autre « livre du peuple, » autrefois comme aujourd'hui, que le théâtre. Les héros et les actions qui sont incarnés par des figures vivantes, devant la foule, sur la scène, entrent dans la mémoire populaire avec toutes les déformations que la légende ou l'auteur leur font subir : les autres sont comme s'ils n'étaient pas. Du jour où l'on a cessé de représenter, sur la scène, le *Sacrifice d'Abraham* ou la *Fille de Jephté*, le peuple n'y a plus rien compris à l'église. La statue ou le vitrail n'était que le répétiteur qui redisait la leçon enseignée sur les tréteaux. Ce n'est pas la cathédrale qui a été le « livre du peuple : » c'est l'Opéra.

L'Opéra ou le cinématographe ont d'autres objets en vue, maintenant, que Anne et Joachim chassés du Temple, ou David descendant par sa fenêtre. Ils les auraient encore si ces histoires touchaient profondément quelques fibres humaines en nous. Mais elles ne les touchent pas, et c'est la vraie raison de notre oubli. On reproche parfois au catholicisme de n'avoir point assez répandu la Bible, et l'on entend, par-là, l'Ancien Testament. Mais son effort pour le répandre a été immense : ces tapisseries, comme les portails de nos cathédrales, en témoignent. Il a répété, à satiété, toutes ces histoires de généalogies, de meurtres ou de prodiges, auxquelles nous ne comprenons rien, et qui ne préfigurent aucun de nos rêves modernes, nos rêves d'Occidentaux en quête du progrès social. L'Évangile, seul, les a « préfigurés, » avec ses images gracieuses ou touchantes de la crèche, de l'Adoration des Bergers, de la guérison des malades, des saintes femmes en pleurs, de la Pietà, des Béatitudes. Aussi ne les a-t-on pas oubliées. Ce n'est pas l'enseignement de la Bible qui a manqué à l'âme moderne, c'est l'âme moderne qui a manqué à cet enseignement, ou, du moins, qui ne s'en est assimilé qu'une partie, tout ce qui était assimilable. Le reste languit, froid, inutile, dans la nécropole des théologies. Ces énigmes, lorsqu'elles apparaissent figurées par un grand artiste, comme ici, piquent un instant notre curiosité, mais sans éveiller notre sympathie, et, dès que les érudits nous les expliquent, elles cessent de nous intéresser.

Section II

Notre intérêt ou notre émotion grandissent, au contraire, à mesure que nous pénétrons mieux le détail pittoresque de l'œuvre. Celui-ci est infini. Voyez comme l'artiste a tiré parti, au point de vue décoratif, de toute cette complication apologétique, réduisant à leur plus simple expression les actions imposées qui le gênaient, et en développant d'autres qui n'avaient rien à voir ici, pour leur pur agrément esthétique. Si vous lisez non plus les gloses des savants, mais ces images mêmes, vous trouverez que jamais l'art n'a fait meilleur marché du sujet, qu'à nulle époque la peinture religieuse n'a contenu tant de choses étrangères au dogme, et, en poussant plus avant l'analyse, que c'est peut-être à cela qu'elle doit d'avoir conservé son charme divers et universel.

Je parle de ces tapisseries de haute lisse, faites d'après des cartons composés tout exprès, comme s'il s'agissait de tableaux ou de fresques. C'est qu'en effet elles sont, en tout, semblables. On peut étudier, sur cette décoration murale, de laine, faite au XVIe siècle, toutes les caractéristiques de la peinture, du XVe. Même les procédés de modelé sont, autant que la matière différente le permet, identiques. Dès la première tenture à gaucho, en entrant, la *Mort de la Vierge*, on en a la preuve. Il y a, là, les exemples les plus frappants qu'on puisse voir de décoloration du ton local par la lumière. La robe bleue de la Vierge est décolorée en blanc, la robe verte de l'Apôtre, qui tient la croix, est décolorée en jaune d'or ; de même, celle de l'Apôtre qui gravit une marche, à gauche et, tout le long de ces tapisseries, vous verrez les lumières des feuilles vertes exprimées par du jaune d'or. Ce n'est pas du tout, là, une adaptation propre à la tapisserie : la peinture faisait de même. Il y a, aux *Uffizi*, une salle entière, la salle dite « de Michel-Ange, » où toutes les lumières des plantes sont ainsi tissées d'or : c'est très sensible, par exemple, dans les herbes des premiers plans de Ghirlandajo, en son *Adoration des Rois*. L'artiste, en composant ses cartons, n'a donc pas pensé tout spécialement au métier de l'interprète : il a pensé à tirer le meilleur parti esthétique de son sujet.

Pour cela, il a enfermé son sujet principal, la Vierge et les saints, dans un cadre d'architecture, gracile et svelte, au milieu de sa composition. Sur le toit, il a donné un siège à Dieu le Père, ou aux anges qui forment une couronne surnaturelle à la société terrestre de Marie. Dans les coins d'en haut, à droite et à gauche, il a logé les deux scènes bibliques imposées par l'inventeur pour « préfigurer » la scène centrale et, au-dessous de ces deux scènes, dans les deux coins d'en bas, il a portraituré, en pied, les deux prophètes qui ont annoncé l'événement. Enfin, entre ces motifs qui lui étaient imposés, il a répandu des figures épisodiques, des feuillages, des bêtes, des plantes, des fleurs à foison : oliviers, chênes, palmiers, faisans, paons, canards, moutons, chiens barbets, chouettes, pigeons, mendiants, grues, perroquets, pages, servantes puisant de l'eau, infirmes montrant leurs plaies, singes jouant avec leur chaîne, hérons gobant des reptiles, faucons, pigeons picorant sur les créneaux, lavandières tordant leur linge, bergers emplissant leur gourde dans le fossé, coqs et poules picorant, béliers luttant, écureuils grimpant, œillets, roses, lys, fougères, fraises, potentilles, simples de toutes sortes, et parmi elles, lapins se frottant le museau, faisant leurs cent tours. Tout cela court, vole, s'ébroue, jaillit, grimpe, plane ou foisonne, du haut en bas de la toile, sans se laisser arrêter par le frêle édifice qui encadre le sujet principal, va d'une scène à l'autre, du Nouveau Testament à l'Ancien et de la terre au ciel. On ne se lasse pas d'admirer la souplesse et la variété de cette mise en scène, dans un cadre toujours pareil, jamais identique, avec une symétrie parfaite de l'ensemble qui repose l'œil et une dissymétrie continuelle du détail qui l'amuse, chaque pilastre différant de son pendant, chaque chapiteau de son vis-à-vis, tout, jusqu'aux cartouches, aux banderoles ou « rolets » suspendus des deux côtés pour porter les paroles saintes, s'équilibrant sans se ressembler.

De même, le peintre a merveilleusement tiré parti des couleurs mises à sa disposition : le rouge, le bleu, le jaune, le vert, le tanné et le brun rouge. Il a plaqué, au centre, un accord bleu, entouré de nombreux accords rouges et jaunes qu'avivent, partout, les accons verts des feuillages. Il n'y a qu'à se retourner vers les tapisseries de Pepersack, les *Noces de Cana*, ou *Jésus au milieu des Docteurs*, pour saisir à quel point l'homme du XVe siècle, avec moins de couleurs, était plus coloriste.

Rien de tout cela n'est dû au théologien, bien que les couleurs de certains costumes sacrés fussent prévues par les manuels : tout cela est dû à l'artiste. C'est le sujet officieux qui se glisse à côté du sujet ou plutôt de l'objet officiel, le senti à côté du voulu, ou ce qui est voulu par l'imaginatif après ce qui a été voulu par le pédant. « Ah. ! il faut citer l'*Ecclésiaste* au Mariage de la Vierge et montrer un prophète qui dise : « *Unum de mille virum reperi*, j'ai trouvé un homme entre mille ! » Je vais en profiter pour témoigner aux âges à venir ce qu'est un vieux beau sous Louis XII ! » se dit vraisemblablement notre homme. Car, si naïf qu'on le suppose, l'artiste, au commencement du XVIe siècle, n'imaginait pas que l'auteur de l'*Ecclésiaste* fût coiffé comme Balthazar Castiglione. En portraiturant cet humaniste à la barbe frisée, tête à tête avec un perroquet, en détaillant sa toque rebrassée et son bicoquet, son collet d'hermine, ses manches à crevés, ses bottes rabattues et son manteau de cérémonie bordé et brodé de gemmes, il s'est diverti extraordinairement.

Visiblement, il y a deux volontés qui cheminent, ici, l'une près de l'autre, très différentes, souvent contradictoires. Le chanoine a voulu faire œuvre d'instruction et d'éducation, et suivre, le mieux possible, les indications de la *Bible des Pauvres* ou du *Miroir*. L'artiste, lui, a voulu réjouir les yeux par la multiplicité des spectacles, attirer dans ce cadre tout ce qu'il trouvait de beau dans la nature, faire étalage de sa virtuosité picturale, que cela cadrât, ou non, avec l'histoire. Le chanoine ne s'était guère avisé et peut-être n'était-il pas toujours enchanté de ces fantaisies qui nous enchantent. C'est bien lui qui a dicté la *Rencontre de saint Joachim et sainte Anne à la Porte d'Or* de Jérusalem : il a dû prescrire que, d'un côté, l'ange avertit saint Joachim de quitter ses troupeaux et de rentrer dans le monde, de l'autre, à sainte Anne, d'abandonner ses lectures pieuses, parce que son veuvage va finir, et de s'en aller à cette même porte, où l'attend sa divine destinée. Mais ce n'est pas lui qui a imaginé l'élégant donjon à pont-levis, et la rue en perspective, les Amours courant sur la frise, comme échappés des cheminées d'Urbino, les têtes curieuses aux lucarnes, les poules picorant, le coq triomphant, les canards nageant, la grue marchant à pas comptés, l'écureuil grimpant à l'arbre, le chien lapant l'eau du fossé, le berger y descendant sa gourde, la lavandière y tordant son linge, ni le faisan, ni le paon, ni le lapin, sous les fougères, ni toute cette ornementation de chapes, de manteaux et de bonnets. C'est lui qui a dicté les trois actions principales dans la *Présentation de la*

Vierge enfant au Temple, mais non les robes de « beau maintien, » les escoffions, les templettes et les manches à crevés bouffants, de l'éblouissant cortège féminin. Il a bien donné, dans les *Perfections de la Vierge*, le texte Fons hortorum, *mais non prévu la délicieuse vasque d'or, ni les filets d'eau descendant des flûtes maniées par les Amours.*

En sorte que lorsqu'on a trouvé, dans chacune de ces images, le texte d'où l'artiste a tiré son sujet, on n'a pas trouvé, du tout, ce qui leur donne leur aspect particulier. Pour le trouver, il faut les regarder avec des yeux d'ignorant, non d'archéologue, en les confrontant, non plus avec l'histoire ou la théologie, mais avec la nature et la vie. Alors, on voit tout de suite ce qui fait le charme de ces images : c'est leur fantaisie. Otez à ces dames leurs costumes anachroniques, leurs toilettes du XVe siècle, et drapez-les à l'antique, comme l'eussent fait Le Sueur et Poussin ; fauchez toutes ces fleurs et ces feuillages du premier plan ; frappez dans vos mains et faites envoler tous ces oiseaux ; chassez toutes ces gens et toutes ces bêtes qui n'ont rien à faire ici ; mettez de l'ordre dans ces moutons ; rendez aux trésors des églises les dalmatiques dont les anges se sont indûment affublés et enseignez-leur plus de simplicité dans leurs parures aviatrices ; réduisez, en un mot, les acteurs aux rôles prévus par les livres saints en leur défendant de chercher des « effets » à contresens, et le décor aux indications du metteur en scène, — et vous n'aurez touché, en quoi que ce soit, aux instructions de la Bible des pauvres ou du *Speculum humanac salvationis*, — vous les aurez mieux suivies, au contraire, — et tout le charme de ceci aura disparu.

Il tient donc à autre chose et cette autre chose peut se définir : la *disparité*. D'abord, disparité dans les styles. Chaque tableau offre le plus bel exemple de la « confusion des genres, » ou, si l'on veut, de la réunion des genres. Aujourd'hui, on les distingue nettement, et, dans les journaux, on voit les tableaux des *Salons* répartis en « peinture d'histoire, tableaux de genre, paysages, art décoratif, art religieux, scènes humoristiques, portraits, natures mortes. » Sous quelle rubrique, un salonnier rendrait-il compte de ces quatorze scènes de *la Vie et Mort de la Vierge* ? Sous celle de là « Peinture religieuse, » c'est entendu, à cause de son sujet officiel, mais jamais composition ne fut moins spécifiquement et uniquement dévote. Considérez le cortège de dames, en grande toilette, qui ont ouï parler de la *Présentation de la Vierge enfant au Temple* et ne veulent pas manquer le spectacle : c'est un défilé mondain des dernières « créations » des couturiers à la mode : les *templettes* à turban enrubanné, les corsages échancrés carrément, assez bas, avec la gorgerette de « doulx-fillet, » les larges manches, dites à la grand'garre, tout un luxe féminin qui s'émancipe, petit à petit, de la tutelle d'Anne de Bretagne, tandis que le luxe des hommes s'est, déjà, tout à fait émancipé et que nous voyons, de l'autre côté de l'escalier, un seigneur arborer, déjà, la toque plate, à brillants, de François Ier. On y voit même, sur une petite fille, la dernière « création » de Béatrice d'Esté, *novarum vestium inventrix*, au dire d'un contemporain. Cette petite fille, que nous retrouvons sept fois dans ces quatorze compositions, toujours conduite par la main, se faufilant au milieu des grandes personnes pour mieux voir la scène, est toujours coiffée et habillée à l'italienne. D'où vient-elle ? Que fait-elle ? On dirait une de ces poupées envoyées on France par les grandes dames de Mantoue, de Milan ou de Ferrare pour y propager les modes nouvelles d'outre-monts... Enfin, dans un coin, nous voyons un vieux beau commodément installé pour ne pas perdre un coup d'œil du cortège et qui en désigne les attractions du bout du doigt. C'est une « scène de genre, » traitée par un portraitiste mondain.

C'est peut-être, aussi, une collection de portraits, et non pas de portraits honteux, dissimulés sous des habits d'emprunt et dans une action biblique, mais de portraits campés en pied, séparés de la foule, exactement tels qu'on les fait pour les exposer au *Salon*. Voyez, dans les *Trois Maries*, le docteur en bonnet carré, qui discourt à notre gauche : n'est-ce pas évidemment un portrait, et criant de ressemblance, je veux dire : de dissemblance et de particularité ? Il y a quelque vingt ans, on fut un peu choqué de voir un peintre introduire M. Renan, simple spectateur, dans une scène de l'Evangile. Ce docteur était, sans doute, aussi reconnaissable pour ses contemporains que pour nous M. Renan, — auquel il ressemble quelque peu, par aventure. Le peintre l'a mis pourtant aux pieds de la Vierge, derrière Marie Jacobé. On l'aurait beaucoup surpris en le blâmant. C'est qu'on n'avait, alors, aucune idée de la « division des genres. »

De même, saisit-il toutes les occasions pour retracer les scènes de la vie populaire et les caractériser jusqu'à la caricature. Comme les mendiants venaient autour du Temple, il en met trois dans sa *Présentation de Noire-Seigneur*, qui sont des études très poussées des infirmités humaines. Nous avons, là, sous prétexte de peinture religieuse, un coin digne de Breughel ou de Callot. Comme, d'ailleurs, le prophète Malachie, qui se tient là, pour dire : *veniet ad Templum...* montre une trogne extraordinaire, on pourrait découper, dans cette tapisserie, tout un tableau réaliste et profane au plus haut point. Parfois, cela va jusqu'à l'humour, et les deux bergers qui retournent la tête dans la Nativité, près des armoiries de l'archevêque, sont de véritables « charges. » Le caricaturiste du XVe siècle n'a pas besoin d'une exposition des humoristes pour se faire connaître : il lui suffit d'un tableau de piété.

Cela suffit, aussi, à l' « animalier » du XVe siècle. C'est toute une ménagerie qui est répandue dans les premiers plans et sur les architectures. Chaque bête est étudiée à part, dans ses caractères spécifiques, saisi dans son mouvement le plus révélateur : l'écureuil quand il grimpe, la chèvre quand elle se suspend au cytise, la poule quand elle picore, la grue ou le héron quand ils s'en vont, sur leurs échasses, chasser aux vermisseaux. Ces études d'après nature qui, plus tard, seront mises à part, dans, des cadres, pour divertir les amis des bêtes et les chasseurs, sont répandues là où le peintre l'a pu : près du Bon Dieu.

Ses études de botanique, aussi, d'ailleurs. C'est peu de dire de l'artiste, à cette époque, qu'il fait du paysage, et c'est trop : — il fait de la botanique. Vous reconnaissez-facilement chacune des plantes et des fleurs qu'il a détaillées au premier plan, chacune séparée de l'autre comme posant pour son portrait : ce sont des monographies de fleurs. Rien de si précis, de si exact ou de si scientifique n'a paru, depuis lors, dans nos premiers plans de paysage.

Non seulement l'artiste n'évite pas la confusion des genres et des styles, mais il s'y complaît manifestement. Toujours la chose vue se juxtapose, chez lui, à la chose imaginée. Il habille le fantastique avec le réel : l'ange avec la dalmatique, Dieu le Père avec la couronne impériale, et rien n'est plus précis que l'inventaire de cet intérieur bourgeois où il reçoit les anges de l'*Annonciation*. C'est le procès-verbal du surnaturel. De là, une saveur et une suggestion toujours nouvelles. Cette juxtaposition continuelle du détail vrai servilement reproduit et de la fantaisie imaginaire, du senti et du voulu, sauve ses compositions de toute monotonie.

Toutefois, cette disparité des styles, si elle est la plus apparente, n'est pas la seule, ni la plus importante. Un artiste, de nos jours, qui voudrait confondre ainsi les genres dans un même tableau et y être, dans un coin, humoriste, dans l'autre dévot, dans l'autre épique et plus loin réaliste, le pourrait sans encore atteindre au caractère particulier de ceci. C'est que partout, d'un bout à l'autre, il apporterait une science égale, plus ou moins grande, du dessin, de l'attitude et une connaissance égale de l'objet. C'est à quoi de longs siècles de maîtres, d'exemples et de recettes l'ont habilité. Ce n'est pas, là, le fait de notre peintre. Il y a des choses qu'il sait très bien faire dès longtemps et il y en a d'autres qu'il apprend seulement ; il y a des gestes où il est désinvolte et d'autres où il est gauche ; il y a des sortes d'homme ou de bête, des espèces ou des âges, où il est expérimenté et d'autres où il est novice, des essences d'arbres qu'il connaît et d'autres qu'il ignore, des lignes qu'il sait mettre en perspective, et d'autres où il hésite encore et fléchit.

Par exemple, lorsqu'il met une figure en action, tout geste purement impulsif, démonstratif ou sentimental est gauche, incertain, inexpressif. Les vingt-huit prophètes, ou docteurs, qui se tiennent dans les coins de ses compositions, s'ingénient vainement à prendre des attitudes révélatrices. Ils ne savent que faire de leurs mains, et les plus expressifs d'entre eux ne parviennent qu'au geste du montreur de phénomènes, à la porte d'une baraque, et qui invite à entrer. Dieu n'est pas apparu dans le *Buisson ardent* à Moïse pour le même objet que, dans l'Arbre de la science du bien et du mal, à Eve après sa faute : pourtant ses deux gestes, interchangeables, ont aussi peu de signification l'un que l'autre. La Fille de Jephté, arrivant au Temple, semble prononcer une allocution. De même, les soldats venus pour massacrer les Innocents. Quand l'action est rapide, l'impropriété du geste est flagrante. Jacob et l'Ange n'ont nullement l'air de lutter. David, descendant de sa fenêtre, n'a nullement l'air de fuir. Dans *Joachim et Anne chassés du Temple*, on ne voit point du tout, par le geste du grand prêtre, qu'il les chasse, ni par les leurs, qu'ils soient chassés. En revanche, les deux mendiants qui tendent leur sébile se font admirablement comprendre, et leur geste est très propre à remplir son objet. C'est qu'alors il ne s'agit plus d'une action impulsive ; ou sentimentale, mais d'un mouvement commandé par une nécessité définie, et un mouvement souvent répété, par conséquent facile à observer.

Aussi, tout geste professionnel, qui tend à une opération concrète et définie, sur un objet, tout « geste de métier » est-il très bien rendu. La femme qui puise de l'eau, dans la *Nativité de la Vierge*, tient son seau exactement comme il faut le tenir pour le remplir à un robinet. Le saint Joseph, qui menuise dans l'*Annonciation*, lève son maillet et arc-boute son genou comme il faut pour enfoncer son coin dans le bois solidement maintenu. La lavandière, qui lave son linge dans le fossé de la *Porte d'Or*, tord son linge réellement pour qu'il s'égoutte. Le mendiant, qui tend sa sébile à *Joachim chassé du Temple*, est certainement un professionnel. A côté de ces gestes, qu'on peut appeler « de métier, » la femme qui fouille le coffre à linge et celle qui, du bout de doigts, tâte l'eau dans la Nativité de la Vierge, et aussi le Moïse qui se déchausse et le saint Joseph qui protège, de la main, la flamme de sa chandelle dans la *Nativité de Notre-Seigneur*, font des gestes effectifs et qu'on a l'occasion souvent d'observer : aussi sont-ils tous attrapés avec justesse et rendus avec humour. Ceci n'est point particulier à l'artiste. C'est une caractéristique des Primitifs et de tous ceux qui les ont suivis, jusqu'au XVIe siècle. Il n'y a pas d'exemple, avant Raphaël, qu'un geste de métier soit manqué.

Nous en avons un exemple frappant, un siècle avant cette tapisserie, dans celle du *Roi Clovis* : ce sont les gestes des soldats se servant de leurs armes. C'est un étrange salmigondis, à première vue, que la tapisserie longue de huit mètres et demi, haute de moitié environ, qui représente *comment le fort roy Clovis fu couronné, comment prist la Cité de Soissons*. Mais l'imbroglio n'est qu'apparent. Etudions-le, un instant, en partant de la dernière figure à notre droite et en revenant, pas à pas, sur notre gauche. Tout se débrouille, il y a même un certain ordre de bataille. A n'en pas douter, une armée rangée sous l'étendard vermeil aux trois crapauds qui désigne les Francs, s'avance de gauche à droite, repoussant devant elle un lot d'adversaires. En avant, marchent les fantassins, maniant des armes d'hast, ce sont les gens du corps à corps : l'un d'eux, cuirassé d'extraordinaires épaulières d'or rouge, à têtes de lion, et de genouillères cornues, charge comme à la baïonnette, mais avec un fauchart, ou plutôt avec un « vouge, » emmanché d'une rondelle d'arrêt ; l'autre, à cuirasse bleue et à manches et chausses rouges, coiffé d'un surprenant casque à mèche, décharge un terrible coup de maillet d'armes sur un nègre qui s'en va.

Derrière ce corps à corps, se tiennent les gens qui se battent à distance, les archers de l'infanterie légère armés de l'arc immense qu'avaient les Anglais à Azincourt, et chacun d'eux représente un temps différent du tir. Le premier ajuste et va tirer : c'est l'archer barbu, au justaucorps rouge et coiffé d'un casque pyramidal où s'ébahit, en poupée, une petite tête de nègre ; l'autre vient à peine de tirer : son œil suit le vol de sa flèche, et toute sa machine humaine demeurant figée dans cette attention, les doigts de sa main droite ont conservé la flexion prise au moment du débandement : un troisième, en dessous, justaucorps bleu, manches rouges, a tiré depuis plus de temps : son bras droit a achevé en l'air le mouvement de recul et il considère avec un peu de dégoût, à ses pieds, le résultat de son tir : un ennemi transpercé par sa flèche, gisant à terre, les yeux morts, un filet de sang ruisselant des lèvres.

Derrière les archers, voici les gens qui tuent à plus de distance encore : les arbalétriers, l'infanterie lourde. Là encore, chaque temps du tir a été noté par l'artiste. Au bord du tableau, en voici un, la flèche entre les dents, en train de tendre une arbalète à tour ; pour cela, l'arc renversé est fiché en terre, il a passé le pied gauche dans l'étrier qui est à la tête du fût (mangé par la bordure) et il tourne la manivelle, des deux mains, pour amener la corde jusqu'au saillant, la noix, qui la retiendra tendue. Derrière lui, un camarade, sa corde étant déjà tendue, se dispose à fixer son carreau dans la rainure de l'arbrier. Son arme est moins savante : c'est une arbalète simple, munie de son étrier ; on voit pendre à sa ceinture le pied-de-biche qui a servi à la tendre. En avant, à l'abri d'un immense pavois, tenu debout par un camarade, le troisième arbalétrier, tenant son arme toute garnie, s'avance sur la pointe du pied comme pour faire une farce : il va viser. Derrière eux, enfin, un quatrième vise. Tous ces gestes de métier sont d'une propriété qui témoigne de leur justesse, et je doute que, dans toute la *Galerie des Batailles*, à Versailles, il y ait un seul tableau nous donnant sur la manière de charger et de décharge une arme, des renseignements aussi précis et aussi complets.

Là où manque le « geste de métier, » aucune attitude n'est significative. C'est ce qui arrive dans l'admirable tapisserie *Marie dans le Temple*, où vous lisez ces vers tissés entre le héron, le gerfaut, les licornes et l'hermine :

Marie vierge chaste de mer estoille,
Porte du ciel, comme soleil eslue,
Puis de vive eaue, ainsy que lune belle,
Tour de David, lis de noble value.
Cité de Dieu, clair miroir non pollue,
Cèdre exalté, distillante fontaine
En ung jardin fermée, est résolue
De besongnier, et si de grâce pleine.

Une seule figure, ici, fait un geste de métier : c'est la Vierge elle-même, et c'est le geste du tapissier. Assise devant une chaîne de tapisserie de basse lisse, sa main gauche va passer la laine entre les fils, et sa droite tient le peigne, ou plutôt le couteau de bois qui la tassera. Derrière elle, une nichée d'anges ; devant elle, des prophètes : au-dessus d'elle, Dieu le Père, ne font que des gestes vagues d'admiration, d'adoration ou de bénédiction. Les licornes, dressées sur leurs pattes de derrière, ont une attitude aussi parlante que les deux prophètes ; les perroquets et les faucons sur le bord des fontaines jouent un rôle aussi précis que les anges : un rôle purement décoratif. La *Légende dorée* nous dit que la Vierge, élevée dans le Temple, « croissait tous les jours en sainteté, visitée par les anges et admise à la vision divine, qu'elle s'était imposé pour règle de rester en prière depuis le matin jusqu'à la troisième heure, et ensuite de la troisième à la neuvième, de tisser de la laine, après quoi elle se remettait en prière, jusqu'au moment où un ange venait lui apporter sa nourriture. » Nous le voyons ici, mais nous voyons surtout autre chose. Nous voyons une réunion d'objets précieux, une fête ordonnée pour le plaisir des yeux. L'artiste a supprimé le temple ou l'a réduit aux deux colonnes ornementales qui lui étaient nécessaires pour tendre sa tapisserie et pour supporter les armoiries inévitables de Monseigneur. Et, profitant de ce qu'un des emblèmes de la Vierge est l'*ortus conclusus*, au lieu de la mettre dans le Temple, il l'a mise dans un jardin. C'est le jardin selon le cœur du Moyen âge, le jardin d'Albert le Grand, de Jean de Garlande, du *Roman de la Rose*, bien clos, à l'abri des incursions du dehors, régulier, en contraste avec l'irrégularité de la nature, ordonné contre tout désordre, riche de tout ce qu'on connaissait alors de plantes, même exotiques. Enfin, de chaque emblème des *Perfections de Marie*, l'artiste a fait un motif décoratif : *Fons hortorum* est devenu le motif d'une fontaine précieusement ciselée ; *Oliva speciosa*, d'un grand arbre ; *Turris David*, d'un château fort ; *Puteus aguarum vivencium*, d'un puits ornemental ; *Porta celi*, d'un donjon. De *lilium inter spinas*, il a fait jaillir une touffe de lis, de *Plantacio rose*, une touffe de roses et, ainsi, chacune des perfections de la Vierge se trouve transposée en une beauté nouvelle dans le paysage.

A l'inverse, comme toute impression sensorielle se résout chez nous en un sentiment, même cette fantaisie purement pittoresque dépose dans le souvenir une impression morale. C'est celle d'une vie paisible, dans de beaux paysages. L'homme chemine de la naissance à la mort, entouré de prodiges, protégé et guidé par les puissances célestes. Il n'est plus seul en face de la fatalité, nu devant la nature adverse et formidable, comme aux premiers âges, lorsqu'il y avait, entre lui et les êtres du ciel, tant d'« anneaux manquants. » Dieu est moins haut, la bête est moins hostile : il vit tout près de l'un et de l'autre, dans un échange continuel de services et de figurations. Les dieux, ou plutôt les Saints, qui ont remplacé les dieux, ne sont plus des forces de la nature, mais des Vertus et des Mérites, des êtres de chair et de sang nés de la femme, qui ont souffert ce que nous souffrons. La nature tout entière est hospitalière. Entre les colères du ciel et nous, les anges tendent le voile de leurs ailes ; sur le rocher et la masse géologique du globe, les plantes tissent l'éclatante trame de leurs feuilles et de leurs fleurs et le paysage idéal, le « jardin secret, » est fait de toutes les Perfections de la Vierge.

Aussi bien, cette vision idéale, cette *Histoire de la Vie et Mort de la Vierge* n'est-elle pas autre chose que l'apothéose de la femme, le triomphe de la pureté et de la faiblesse. C'est l'humanité enfin délivrée de ses obscurs instincts animaux et soustraite au règne de la violence. Il ne s'agit pas de conquérir le monde, de dompter des forces naturelles, d'être un « surhomme, » mais d'échapper à toute souillure, de demeurer le maître de son âme, de se rattacher à la communion des saints, passés et à venir, par l'obéissance à la loi d'en haut, enfin de vivre heureux dans l'émerveillement de la nature d'en bas. Aucune recherche du progrès, point d'ambition, partant point d'inquiétude, nulle poursuite de ce qui sera, mais la jouissance de ce qui est et le souvenir de ce qui a été. Le bonheur depuis longtemps préfiguré, des images un peu obscures de l'avenir : le buisson qui brûle sans se consumer, la verge qui fleurit, et puis, la tache originelle étant enfin effacée, la flamme des premières convoitises et des premières violences étant éteinte, l'avènement de la Femme dans la Paix et dans la lumière : — voilà ce que ces images insinuaient dans les âmes, il y a quatre cents ans. Cela paraissait bien loin de la vie réelle alors. En sommes-nous beaucoup plus près aujourd'hui ?

Section II

ISBN : 978-1985707344

www.ingramcontent.com/pod-product-compliance
Lightning Source LLC
Chambersburg PA
CBHW071000220526
45471CB00007B/3111